재미만만 한국사 9
고려 건국 X파일

초판1쇄 발행 2020년 8월 24일 | 초판13쇄 발행 2024년 2월 21일
글 안미란 | 그림 김윤정 | 감수 하일식
발행인 이봉주 | 편집장 안경숙 | 기획 안경숙, 구름돌 | 편집 및 디자인 구름돌
디자인 포맷 구름돌, 민트플라츠 송지연 | 마케팅 정지운, 박현아, 원숙영, 김지윤, 황지영 | 제작 신홍섭

펴낸곳 (주)웅진씽크빅 | 주소 경기도 파주시 회동길 20 (우)10881
문의전화 031)956-7403(편집), 031)956-7569, 7570(마케팅)
홈페이지 www.wjjunior.co.kr | 블로그 blog.naver.com/wj_junior
페이스북 facebook.com/wjbook | 트위터 @new_wjjr | 인스타그램 @woongjin_junior
출판신고 1980년 3월 29일 제406-2007-00046호 | 제조국 대한민국

글ⓒ안미란, 2020 | 그림ⓒ김윤정, 2020
저작권자와 맺은 특약에 따라 검인을 생략합니다.

웅진주니어는 (주)웅진씽크빅의 유아·아동·청소년 도서 브랜드입니다.
이 책은 저작권법에 의해 한국 내에서 보호를 받는 저작물이므로 무단전재와 복제를 금하며,
이 책 내용의 전부 또는 일부를 이용하려면 반드시 저작권자와 (주)웅진씽크빅의 서면 동의를 받아야 합니다.

ISBN 978-89-01-24412-9 · 978-89-01-24403-7(세트)

잘못 만들어진 책은 바꾸어 드립니다.
▲주의 1. 책 모서리가 날카로워 다칠 수 있으니 사람을 향해 던지거나 떨어뜨리지 마십시오. 2. 보관 시 직사광선이나 습기 찬 곳은 피해 주십시오.

글 안미란 | 그림 김윤정

웅진주니어

1 6~35쪽 후고구려, 새 세상을 꿈꿨지만

이름: 궁예

직업: 스님, 왕

특기: 활쏘기

자신감이 하늘을 찌르는 성격. 자신이 세상을 구원할 미륵이고, 남의 마음도 바로 알아챈다고 믿는다. 패션 아이템은 비단 안대.

2 36~69쪽 용감무쌍 천하무적, 후백제

이름: 견훤

직업: 군인, 왕

성격: 시원시원함.

아이러니하게도 신라 출신인데 백제의 뒤를 잇는 후백제를 세운다. 가끔 버럭 성질을 부리지만, 자신의 실수는 쿨하게 인정할 줄 안다.

3 70~91쪽
왕건, 고려를 세우다

이름: 왕건(태조)
직업: 왕
특기: 내 편 만들기

잘생긴 용모에 부자 아버지를 둔 완소남. 생각이 깊고 다정다감하다. 호족들도, 적이었던 견훤도 끌어안을 줄 아는 넓은 마음을 가졌다.

4 92~113쪽
광종의 호족 길들이기

이름: 광종
성격: 카리스마 넘침.
특징: 호족 싫어함.

한번 마음먹은 일이라면 탱크처럼 밀어붙인다. 추진력이 아주 강해 호족들의 불만도 단번에 제압한다. 여러 가지 제도도 만드는 열정파 왕!

1 후고구려,
새 세상을 꿈꿨지만

쉿! 제발 나를 못 본 척해 줘.
왕건의 군사가 나를 쫓아오고 있어.
잡히면 그길로 끝이란 말이야.
왕건은 내 부하였는데…….
지금은 나의 신하들이 모두 왕건 편이 되었어.
나를 쫓아내고 그가 왕이 되어야 한다며.
난 한쪽 눈만 있는 궁예!
변장하느라 비단옷도 벗어 던지고
안대도 누더기로 바꿨지.
아, 나의 비단 안대!
내가 가장 아끼는 아이템인데…….

내 눈이 이렇게 된 이유?
내 아버지는 신라 왕이었어.
그런데 점쟁이가 이런 말을 했대.

아버지는 나를 높은 곳에서 던져 죽이라고 명령했다지.

시녀가 떨어지는 나를 받아서 살리려다

실수를 하고 말았어.

그 뒤로 시녀가 날 몰래 키웠어.
왕자로 태어나면 뭐 해?
어릴 때 온갖 고생을 다 했는걸.
난 고생을 견디다 못해 절에 들어가 스님이 되었어.
절에서 부처님 말씀도 공부하고
활쏘기 같은 무예도 열심히 익혔지.
그래도 신라의 왕자니까 신라를 좋아했겠다고?

신라는 삼국을 통일하고 백성들은 평화롭게 지냈어.
하지만 세월이 흐르자 점점 엉망진창으로 변해 갔지.
왕이랑 귀족은
온갖 사치를 하느라 바쁘고,
서로 왕이 되겠다고 싸우느라 바쁘고.
백성들은 굶어 죽거나 말거나 관심도 없었어.

왕과 귀족들이 정신을 못 차리니까
지방에는 힘이 센 호족이 많이 생겨났어.
호족이란 말이야,
대대로 그 지역에 살면서
사람들의 믿음을 얻었거나

다른 나라를 오가면서
장사를 해서
재물을 많이 모아
막강한 힘을 가진 세력이야.

그중엔 농민이었던 호족도 있었어.
농사짓는 백성들은 굶어 죽는데
나라에서는 어찌나 세금을 쥐어짜는지,
도저히 못 참고 들고 일어서는 무리가 생겼지.
이들의 우두머리가 점차 세력을 키우면서 호족이 된 거야.

세상은 점점 혼란해지고, 멀쩡한 농민이
먹고살기 위해 도둑이 되는 일도 많아졌어.
"이대로는 안 돼. 세상에 나가 백성을 구할 테야."
나는 큰 뜻을 품고 절에서 나와
양길이라는 호족의 밑으로 들어갔어.
양길은 나를 알아봐 줬어.

나는 벌이는 전쟁마다 이겼고,
나를 믿고 따르는 병사도 많아졌어.
나는 점점 힘을 키워 갔어.

그 시절에 나로 말할 것 같으면 말이야,

가난한 사람들에게
먹을 것을 나눠 줬고

뱀한테 물린 사람이 있으면
내 입으로 독을 빨아냈고

고기 한 쪽 생기면
콩알만 해질 때까지
똑같이 잘라 나눴고

내 밥 보리쌀 개수나
졸병 밥 보리쌀 개수나
차이 없이 똑같이 담았지.

나 궁예의 인기는 하늘 높은 줄 모르고 치솟았어.
나와 군사들을 환영하는 사람들을 봐.

"고구려를 되살리고자 하니, 모두 나를 따르라!"
마침내 나는 고려를 세웠어.
너희 때에는 내가 세운 나라를 후고구려라고 부른다지?
좋아, 헷갈리니까 후고구려라고 말해 주지.

배고프고 지친 백성들은 썩어 빠진 신라 대신
내가 세운 후고구려를 따르라, 이 말씀!

이제 신라는 더 이상 하나가 아니야.
신라가 다시 세 나라로 쪼개지고 말았으니까.
왜 세 나라냐고?
옛 백제 땅에는 견훤이 이미 후백제라는 나라를 세웠거든.
하나였던 신라가 신라, 후고구려, 후백제
이렇게 세 나라로 쪼개진 거지.

"나 궁예는 강한 나라의 어진 왕이 될 것을 맹세하노라.
거대한 황제 국가를 세우리라!"

나를 도왔던 호족들이 불만을 가졌어.
흥! 상관없어. 나는 누구의 눈치도 보지 않고
강한 나라를 만들고 강한 왕이 되고 싶었어.

호족들의 불만은 점점 더 커져 갔어.

그러거나 말거나

나는 나라 이름도 여러 번 바꾸고, 수도도 여러 번 옮겼어.

난 화려한 궁궐을 새로 지어서 내 힘도 뽐냈어.
그때마다 사람들의 아우성이 자자했지만.

궁궐만 화려한 줄 알아?
내 행차가 시시하면 곤란해.
난 행차를 할 때면 승복에다가 눈이 부신 황금 모자를 썼어.
하얀 말에 은으로 만든 안장은 필수!
향과 꽃을 받쳐 든 소년과 소녀를 앞세우고
스님 수백 명에게 목탁을 두드리며 뒤따르게 했지.
난 절대 황제이자 살아 있는 미륵 이니까!
미륵이 뭐냐고?
곧 부처가 될 스님. 바로 나! 하하하!
난 이때만 해도 내가 정말 미륵인 줄 알았어.
가난하고 힘없는 이들을 구하기 위해 나타난 미륵!

나야, 나! 미륵!

사실 난 점점 변해 가고 있었어.
나도 모르게 어진 왕이 아니라
폭군이 되어 가고 있었나 봐.

어느 날부터는 다른 사람의 마음이 한눈에
딱 보이는 것 같더라고.

아하, 나에게 관심법이 생겼구나.
한눈에 딱 보고 바로 속마음을 꿰뚫는 관심법!

누가 언제 내 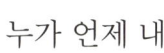 자리를 노릴지 몰라

늘 마음이

누가 언제 내 등 뒤에서  칼을 내리칠지 몰라

그러다 보니 나한테 반역하려는 마음들이
훤히 보이는 것 같았지.

심지어 왕비랑 두 아들도
내 말을 어기려고 하길래
목숨을 빼앗았다니까.

난 왕의 힘을 키우는 데
걸림돌이 되는 세력뿐만 아니라
죄 없는 백성들까지 거침없이 죽였어.
내가 왜 그랬는지…….
내가 정말 왜 그랬는지…….

그놈의 마음도 보이는 것 같았어.
왕건이 나를 몰아내고 새 왕이 되려고 하는 마음이 보였어.
"너 나한테 반역할 거지? 나, 관심법 쓰거든."
이미 난 알고 있었어.
신하들이 나보다 왕건을 더 믿고 따른다는 거.
백성들이 나에겐 거짓 인사를 하지만
왕건에게 지르는 함성은 진짜라는 거.
"내 관심법은 틀린 적이 없다.
네가 반역을 꿈도 안 꿨다고 거짓말하면 당장 죽일 거야."
왕건 그놈은 순순히 자기 잘못을 인정하더군.
험, 역시 나의 능력이란!
그래서 나는 통 크게 왕건을 살려 줬지.

그때 살려 준 게 실수야.
백성들은 자꾸 왕건을 치켜세우고,
신숭겸과 복지겸 같은 장수들이 나서서
왕건더러 새 왕이 되어야 한다고 설득했다지.
결국 왕건의 무리가 나를 죽이려고
궁궐로 쳐들어왔지 뭐야.
한밤중에 죽기 살기로 도망친 내 곁엔 아무도 없어.
이럴 줄 알았으면 호족들이며 부하들이며
조금 더 끌어안고 살살 달래야 했는데…….
난 산골짜기로, 덤불 속으로 숨었지만…….

휴…….
이렇게 나와 후고구려는 아쉽게 끝이 나는군.
나와 어깨를 나란히 견주던 후백제는 어떻게 됐지?
견훤에게 들어 봐야겠어.

2. 용감무쌍 천하무적, 후백제

내 그럴 줄 알았다. 후고구려의 궁예 말이야.
자기가 미륵이네 어쩌네 하더니만
자기가 거느린 부하한테 당하다니, 원!
나 견훤은 그런 꼴을 안 당하게 정신 차려야지.
나 견훤으로 말할 거 같으면 용감무쌍 천하무적,
늘 창을 베고 자던 신라 군인이었지.
그렇지만 언제까지 신라의 군사로 있고 싶진 않았어.
썩어 빠진 신라에는 더 기대할 게 없었어.
새 나라 새 왕이 필요했지.
새 왕은 바로 나!

나는 신라의 서남쪽, 전라도 지역에 터를 잡았어.
오호라, 그러고 보니 여기는 옛 백제 땅이야.
이곳 사람들은 신라의 다스림을 받고 있었지만
신라가 하는 일을 못마땅하게 여겼어.
난 이 점을 잘 써먹어야 했지.
"저는 여러분의 조상인 백제의 원한을 풀겠습니다!"
신라 사람이 백제의 원한을 풀겠다는 게 이상하다고?
험험, 내가 신라 땅에서 태어났고
신라의 병사였던 걸 기억하는군.
아무러면 어때!
"많은 세금만 거두어 가는 신라에 맞섭시다!"
나는 호족 세력을 다독이며 나한테 힘을 보태라고 했어.
그러고는 곧 새 나라를 세워 스스로 왕이 되고
나라 이름을 백제로 지었지.
너희들은 후백제라고 부른다지?

난 후백제를 세우고 쉴 새 없이 전쟁을 벌여 땅을 넓혔어.
그랬더니 얼마 뒤 옛 백제 땅 대부분을 차지했지 뭐야!
사실 이 땅들은 기름지고 넓은 평야란 말씀.
게다가 바다가 가깝고 큰 강도 있어서
먹을 것이 풍부했어.
그러니 세금을 거두기 쉽고 군대를 유지하는 데도 안성맞춤!
나의 군대가 힘이 셀 수밖에 없었어.
음하하, 역시 난 용감무쌍 천하무적!

그렇다고 내가 군대에만 신경 쓴 줄 알아?
이웃 나라와 사이좋게 지내려고 노력도 많이 했다고.
그때 중국은 당나라가 망하고
여러 새로운 나라가 들어서고 있었어.
나는 그중 오월국이라는 나라에 여러 번 사신을 보냈고
일본과도 사이좋게 지내기로 했어.
그야말로 다른 나라와 어깨를 견주게 된 거지.

그나저나 왕건이 궁예를 몰아내고 고려를 세웠다니
정말 신경 쓰이는군.
왕건의 세력이 커지는 걸 이대로 놔두었다가는
후백제를 위협할 게 뻔해.
후삼국 시대라고는 하지만 신라는 이미 지는 별.
사실은 왕건과 나, 고려와 후백제의 대결이라고나 할까.
옳거니!
우선 힘없는 신라부터 우리 앞에 무릎을 꿇리는 거야.
그다음에 고려까지 치는 거지.
나는 신라를 칠 기회만 호시탐탐 노렸어.

그러던 어느 날, 드디어 나는 칼을 뽑았어.
"대야성을 공격하라!"
왜 대야성을 먼저 공격했냐고?
이곳이 꽤 중요한 곳이야.
대야성만 빼앗으면 신라의 왕이 있는 서라벌까지
곧장 쳐들어갈 수 있어.
그러면 신라 무너뜨리는 것은 시간문제거든.

그런데 신라가 잔꾀를 부렸어.

"전하! 신라가 고려에 도움을 청했답니다!
신라를 위해 후백제를 물리쳐 달라고 했답니다."

"흥, 굼벵이도 구르는 재주가 있다더니
신라도 잔머리를 쓸 줄 아는군.
그래서 고려의 왕건은 뭐라고 했다더냐?"

"그러겠다고 했답니다!"

"허허, 왕건은 신라를 도와주는 척하면서
확실히 자기편으로 만들려고 하는 것이군."
물론 어리석은 신라는 그저 좋아했겠지.
그래, 왕건의 생각이 깊은 건 인정!

그렇다고 나, 견훤만큼 생각이 깊겠어?
고려까지 끼어들면 우리가 이기기 어려워질 게 뻔해.
두 나라가 힘을 합쳐 달려들 테니까.
딱 보니 딱 알겠더라고.
그래서 아쉽지만, 일단 군사를 물렸지.

그런데 고려가 계속 신경 쓰였어.

왕건이 호족은 물론 신라까지 다 자기편으로 만들고 있잖아.

결국 우리 후백제군은 조물성에서 고려와 맞붙었어.

흠, 생각보다 고려군은 세더군.

죽기 살기로 싸웠지만

쉽게 승부는 안 나고 군사들은 지쳐 갔어.

왕건과 나는 일단 싸움을 멈추고 친하게 지내자 약속했지.
혹시나 해서 서로 인질도 교환했고.
심지어 왕건은 나를 아버지처럼 대접하겠다더군.

하지만 보면 볼수록 신라랑 고려가 가관이야.
둘이 언제부터 그렇게 친했다고.
이러다가는 신라를 왕건한테 뺏길 수도 있겠어.
내가 얼마나 오랫동안 신라를 눈독 들여 왔는데.

안 되겠다!
나는 머리끝까지 화가 나서 신라로 쳐들어갔어.
신라라면 얼마든지 발아래 둘 수 있을 테니까.

역시나 신라는 한심했어.
후백제의 군사들이 쳐들어갈 때까지
아무것도 모르고 있었다니까.
경애왕과 왕비, 신하들은
포석정에 술잔 띄우고 노래하고 춤추고 흥청망청.
이러니 나한테 얼마나 시시한 싸움이었겠어!

나는 거침없었어.
"신라의 왕을 데리고 와 내 앞에 무릎을 꿇려라!"
그런데 신라의 왕이 스스로 목숨을 끊었다네.
"흠, 그렇다면 내가 신라의 왕을 새로 정해 주어야겠구나."
나는 죽은 경애왕의 친척을 끌고 와 새 왕으로 앉혔어.
말이 왕이지 이제부터는 내 부하나 마찬가지야.

"자, 가져갈 수 있는 것은 몽땅 가지고
후백제로 돌아가자!"
우리는 신라의 온갖 보물이며
가축, 곡식, 뭐 다 챙겼어.
기술자도 끌고 가고 여자도 끌고 가고.
신라 사람들은 겁이 나서
벌벌 떨기만 했지.

모두가 후백제에 벌벌 떨 때 왕건만은 달랐어.
신라의 구원 요청을 받은 왕건이 뒤늦게 달려왔더군.
그러면 뭐 해?
우리 후백제와 공산에서 전투를 벌였는데,
왕건의 군사는 완전 패배!
왕건이 아끼는 장수들이 여럿 죽고
왕건 자신도 겨우 목숨만 건지고 도망갔어.

후백제

"신라고 고려고 다 내 발밑에 있다!"
하지만 내 생각이 짧았어.
신라 사람들이 나에게 원한을 품게 만들면 안 되는 거였어.
어차피 새 나라의 백성이 될 사람들이잖아?
그것도 모르고 난 신라를 무시하고 억누르고…….
틀림없이 싸움은 내가 이겼는데,
신라 사람들은 왕건만 좋아하지 뭐야.
스스로 고려의 백성이 되려는 사람들도 늘어났지.

왕건 님이 혼내 줄 거라고 믿어!

흑, 돌려줘! 내 토끼!

매의 눈으로 지켜보겠다.

그 뒤 놀라운 일이 생겼어.
그것은 바로 고창 전투!
너희는 경북 안동이라 부른다는 고창,
그곳에서 우리 후백제와 고려가 크게 맞붙은 전투야.
나와 왕건이 직접 군사를 이끌고 맞붙은 전투!

딱 보기에는 우리 후백제군이 훨씬 수도 많고 강해 보였어.
난 우리가 당연히 이길 줄 알았어.
정말 그럴 줄 알았어.

그런데 이럴 수가!
고려군이 크게 이겼지 뭐야.
우리 후백제군의 시체가 들판을 뒤덮었어.
내가 늘 자신만만해하며 즐거워하는 동안
왕건은 입을 꾹 다물고 힘을 길렀나 봐.
이 싸움에서 고려가 이겼다는 소식이 퍼지자
여러 고을의 호족들은 기다렸다는 듯이
고려에 항복했어.
나와 왕건의 라이벌전은 끝난 거지.

그런데 사람 일은 정말 모르겠더라.
왕건 하면 이를 박박 갈았는데,
나중에는 내가 왕건에게 고마워할 일이 생기더라니까.
나에겐 아들이 열아홉 명이 있었어.
나는 맏아들인 신검보다 넷째 아들이 내 뒤를 잇기 바랐지.

그런데 나와 함께 전쟁터를 누비며 공을 세운
신검이 눈치를 챘지 뭐야.

신검은 자신을 따르는 무리와 짜고는
나를 금산사라는 절에 가둬 버린 거야, 감히!
그러고는 제멋대로 왕위에 오르더군.
이렇게 분하고 또 분할 수가!

나는 조심스럽게, 하지만 빠르게 금산사를 탈출해
고려군이 있는 나주로 갔어.
고려군이 나를 쫓아내면 어떡하지? 아니, 죽이려 하면 어떡하지?
걱정하면서 말이야.

그런데 고려에서는 의외로 나를 반겨 주지 뭐야.
개경에 있던 왕건은 나주로 배를 40척이나 보내
나를 개경으로 데려갔어.
그러고는 내 손을 꼭 잡더라고.

나는 완전 감동했어. 훌쩍.
고려의 백성들도 이렇게 따뜻한 왕건에게 감동했겠지?

후백제는 어떻게 되었냐고?
내가 왕건에게 항복했다는 소식이 전해지자
후백제는 극심한 혼란에 빠졌어.

나는 왕건에게 말했어.
내가 또 말이야,
인정할 건 깨끗하게 인정하는 쿨한 사나이잖아.
후백제, 내가 세운 나라지만 사라질 때가 되었다는 걸
나는 알고 있었어.
나는 후백제를 치러 가는 왕건의 군대와 함께했어.
왕건을 따르는 장수가 되어서 말이야.

후백제는 고려군에 맞서 변변히 싸워 보지도 못하더군.
후백제의 장수들은 고려군 속에 있는 나를 보고,
무기와 갑옷을 벗어 던지고 엎드려 울부짖었지.

나의 아들 신검은
왕건에게 무릎을 꿇을 수밖에 없었어.
후백제의 멸망과 더불어
이제 후삼국 시대는 끝이 났지.
최후의 승리자는 왕건? 인정!

3. 왕건, 고려를 세우다

나야, 왕건.
　　여기저기에서 내 얘기 좀 들었지?
후후, 오로지 다 내 칭찬뿐이니
　　　　몸 둘 바를 모르겠군.
따스하고 부드러운 가슴을 가진 남자.
　신하들은 충성하고 백성들이 믿고 따르는 왕.
이렇게 사랑받는 비결이 궁금하니?
　　아 참, 그 전에 궁예 이야기부터 해야겠구나.
　내가 궁예를 배신한 거라고
　　　생각할 수 있을 테니.

궁예를 처음 만났을 때,
나는 그의 생각에 마음을 빼앗겼어.
백성들이 평화롭게 살 수 있는 나라를 만들겠다니,
얼마나 멋진 꿈이야?
궁예는 나를 만나자마자 반겼어.
사실 나는 송악 지방의 가장 큰 호족 집안 맏아들이거든.
우리 집안은 대대로 고을 사람들이 믿고 따랐어.
또 바닷길로 이웃 나라를 오가며 장사를 한 덕에 재물도 많았지.
이런 집안의 맏아들이 자기 부하가 되었으니
궁예로서는 완전 횡재한 거야.
백성도 재물도 자기 것이 되었다고 생각했겠지.
나는 나대로
백성을 위할 줄 알고 세력도 큰 궁예와 한편이 되는 게
우리 고을 백성들을 위해 좋다고 여겼고.

그런데 궁예가 갈수록 이상하게 변하지 뭐야.
자기를 미륵이라고 하더니만,
나중에는 사람을 못 믿어 가족까지 함부로 죽이고!
게다가 말도 안 되는 소리까지 해.

난 처음에는 당연히 아니라고 했어.
하지만 궁예는 믿지도 않고 오히려 화만 내는 거야.
딱 보니 내가 "예!" 하면 "이런 역적!" 하며 죽일 테고
계속 "아니요!"라고 하면 "이런 거짓말!" 하며 죽일 것 같았지.

그때 내 부하가 슬며시 귀띔을 하는 거야. 그냥 '예'라고 하라고.
나는 '예'를 택했어.

정말 어이가 없었지.
이런 사람에게 나라를 계속 맡긴다면 앞날이 걱정이었어.
부하들은 나를 설득했어.

심지어 부인이 갑옷을 내주며 말했지.

갑옷을 입고 나갔더니 세상에나,
백성들이 열렬한 응원을 보내는 거야.
그 덕에 나는 용기를 냈어.

그래, 난 궁예를 몰아내고 고려를 세웠어.

고려를 세웠다고 모든 문제가 해결된 게 아니었어.

내가 왕이 된 지 닷새 만에 반란이 일어났지 뭐야.
그것도 나를 도와 궁예를 몰아냈던 환선길이 반란을 일으킨 거야.
"내가 비록 너희의 힘으로 이 자리에 앉았으나
이는 하늘의 뜻이다!
네가 감히 하늘의 뜻을 거스르려 하느냐?"
내가 딩딩하게 꾸짖자 환선길은 도망을 쳤지.
내 뒤에 군사가 숨어 있는 걸로 알았다나?

난 알고 있었어. 호족들이 날 만만하게 본다는 것을.
하지만 호족들이 날 도와야
후삼국을 통일할 수 있다는 것도 다 알고 있었어.
그래서 나는 호족들을 어르고 달래며 내 편으로 만들었지.

이런 나의 노력을 하늘이 알아주는지 좋은 일도 생겼어.

나와 한창 싸우던 견훤이 후백제를 버리고 항복을 해 온 거야.

지난날의 원한은 모두 잊고 나를 받아 주십시오.

어디, 견훤뿐이겠어? 견훤이 항복한 뒤에 신라의 경순왕도 제 발로 나를 찾아왔지.

우리 신라를 부탁합니다.

넙죽

게다가 견훤은 자기가 나서서 후백제를 치겠다고 하잖아.
후후, 내가 마다할 이유가 없지.
견훤 덕분에 우리 고려는 후백제도 손쉽게 무너뜨렸어.

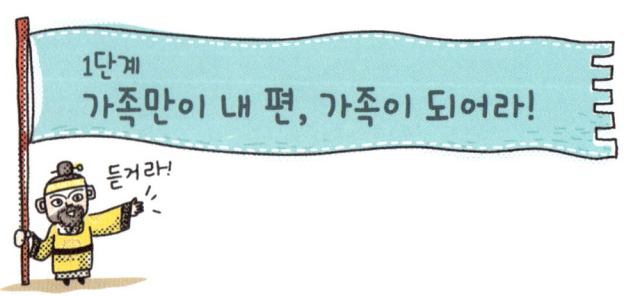

호족이 내 가족이 되면 반란을 덜 일으키겠지?
나는 내 딸을 신라 경순왕에게 시집보냈어.
이제 경순왕과 가족이 되었으니 안심.
나도 결혼을 여러 번 해서 내 편이 될 가족을 늘렸지.
충주에 가선 충주 호족의 딸과 결혼,
광주에 가선 광주 호족의 딸과 결혼.

어이쿠, 여러 번 결혼했더니
부인이 몇인지 아들딸이 몇인지도 헷갈려.
하지만 바람둥이라서 그런 게 아니라는 말씀.

2단계
너도 왕씨 나도 왕씨, 왕씨 성을 주마!

발해가 멸망하자 발해 왕자 대광현이
백성을 이끌고 고려로 왔어.
나는 대광현에게 왕씨 성을 주었어.
"그대는 이제부터 나와 같은 가문이 되시오."
그 뒤에도 나한테 충성을 약속하는 호족에겐
나와 같은 왕씨 성을 내려 주었어.
그때까지 호족들 대부분이 성이 아예 없었거든.
사실 나도 성이 없었어.
내가 왕이 되면서 내 이름의 앞 글자를 따서
성을 '왕'이라고 한 거야.
왕씨 성을 받은 호족은 왕의 가문이 된 거니까
기분 좋아하며 내 편이 되었단다.

지방은 여전히 호족들이 다스리고 있고,
그 세력은 여전히 강했어.
아직은 왕의 힘이 나라 전체에 닿을 수도 없었고.
그래, 왕의 힘을 키우고 고려를 안정시키려면
호족을 길들일 제도가 뒷받침되어야겠지?
나는 호족들에게 말했어.

한편으로는 호족을 잘 써먹기도 했어.
내 힘이 닿지 않는 거리가 먼 지방의 일은
그 지역 호족과 상의했단다.

어때? 호족들을 다스리는 데 아주 효과적인 방법이지?

이렇게 나는 뿔뿔이 흩어졌던 세 나라를
고려로 다시 통일시켰고,
고려 안에서 모두 하나가 되게 하려고
호족이며 적까지 감싸 안았어.
그게 바로 내가 모두에게 사랑받는 비결!

휴, 지금 생각해 봐도 호족 길들이기는 정말 어려웠어.
나의 뒤를 이은 왕들도 호족 때문에 골치깨나 아팠다더군.
그래도 호족을 멋지게 길들인 왕도 있다던데,
대체 어떻게 한 걸까?
무척 궁금하군.

4 광종의 호족 길들이기

나는 고려의 네 번째 왕, 광종이야.
나에겐 형제들이 많았지.
좋겠다고? 천만의 말씀.
우리 아버지 태조 왕건께서는 너무 많은 아들을 두셨고
너무 많은 호족을 친척으로 두셨어.
그러다 보니 서로 왕이 되려 옥신각신, 우왕좌왕!
그래서 난 결심했어!
강력한 왕권으로 나라의 기틀을 세우겠다고.
무서운 왕, 잔인한 왕, 피의 군주!
어떤 별명이 붙어도 상관 안 해.

호족들이 고려를 세우는 데 공을 세운 건 맞아.
그렇다고 자꾸만 왕이 하는 일에 감 놔라 배 놔라 참견하고
호시탐탐 왕의 자리를 넘보면 안 되지. 암, 안 되고말고.
아버지의 맏아들인 혜종 형님은
호족들한테 치여서 제대로 힘 한번 못 썼어.
왕이 된 지 얼마 안 돼 세상을 떠났거든.

그다음으로 왕이 된 정종 형님은
누군가 자기를 죽일지 모른다는 두려움에 늘 불안해했어.
정종 형님이 왕이 되는 걸 도왔던 호족들은
"다 내 덕입니다." 하며 거들먹거리고
무슨 일을 하려고만 하면 온갖 트집을 잡았어.
두려움에 떨던 정종 형님도 끝내 병으로 죽고 말았지.
불쌍한 형님들…….

뒤이어 왕이 된 나는 결심했어.
왕이 제대로 정치를 할 수 있도록
만들고야 말겠어!

호족들이 다시는 고려 왕조를 위협하는 일이 없도록 만들 테다!

무서워!

내가 가장 먼저 손댄 것은 호족들의 노비였어.
노비는 호족이 거느린 종이야.
사람대접은커녕 호족의 재산일 뿐인 신세지.

그래, 이렇게 억울하게 노비가 된 사람을 풀어 주는 법이
'노비안검법'이야.
내가 노비안검법을 만들자
아니나 다를까 호족들이 길길이 날뛰며 반대했어.
노비를 풀어 주면 호족의 힘이 약해지니까.
그러거나 말거나 난 강하게 밀어붙였어.
"내 말대로 억울하게 노비가 된 사람들을 풀어 주어라!"
호족들은 어쩔 수 없이
꽤 많은 수의 노비를 풀어 주었어.
그러자 호족의 힘은 약해지고, 세금을 내는 평민이 늘어났어.
나라의 곳간이 두둑해지니,
왕의 힘은 더욱 강해졌지.

다음으로 손을 댄 것은 관리를 뽑는 제도였어.
마침 중국의 후주에서 온 쌍기라는 사람이 고려에 머물고 있었어.
나는 쌍기의 됨됨이와 재주에 반했지.
그래서 고려의 벼슬을 주고 내 옆에 두었어.
나를 도와 고려를 탄탄하게 만들 수 있을 것 같았거든.
하루는 쌍기가 나한테 이러는 거야.

당나라가 왜 발전했는지
비법을 말씀드리겠습니다.
당나라 관리를 뽑을 때에는 누구 아들이냐
어디 출신이냐 묻지도 따지지도 않아요.
나랏일을 하는 관리는 오직 실력에 따라 뽑을 뿐!

그래, 그거야!
시험을 봐서 실력이 있는 사람을 관리로 뽑는 것,
과거제!
오호, 이런 멋진 방법이 있을 줄이야.
나는 옳다구나 싶었어.
사실 그동안에 고려의 관리 자리는
고려를 세우는 데 공이 있는 호족들 마음대로였어.
자기 아들한테 물려주거나
자기들끼리 서로 추천하면서 벼슬을 하거나.
마땅한 선발 기준도 없었어.
그러다 보니 호족들이 대를 이어 떵떵거린단 말이지.
하지만 과거제로 벼슬아치를 뽑으면
호족의 힘은 다운, 왕의 힘은 업!

게다가 유교 경전으로 과거를 보게 하면
그게 또 왕의 힘을 키우는 데 한몫할 거야.
유교 경전은 핵심 내용이 바로 이것!

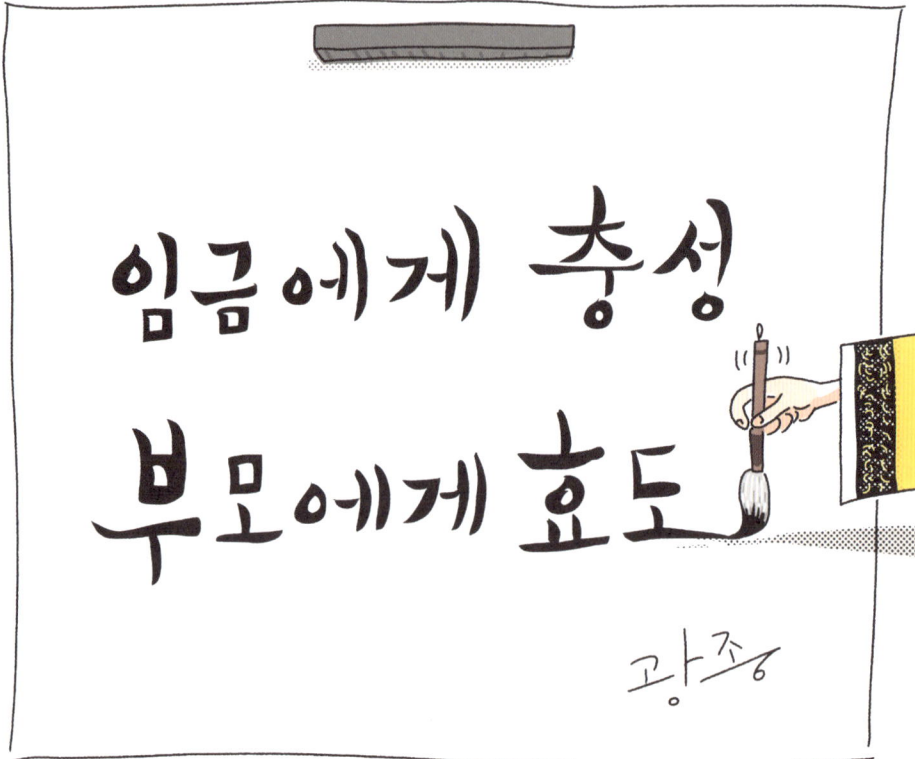

'임금에게 충성'이란 말을 밤낮으로 외워 댈 테니
관리가 되어서도 나에게 충성하겠지?
또 장원 급제를 내가 정하면
자연스럽게 내 맘에 드는 사람으로 쏙쏙 뽑을 수도 있어.

그뿐만 아니야.

백성들에게도 좋아.

가문이 조금 처지더라도 관리가 될 수 있으니까.

나는 과거제로 훌륭한 인재를 뽑았어.

호족의 아들이라도 어리숙하면 나랏일을 못 하게 되었지.

호족들은 불만이 이만저만 아니었어.
그렇다고 나 광종은 절대 흔들리지 않아!

내가 얼마나 호족을 강하게 밀어붙였는지 알겠지?

이게 다가 아니야.
궁궐에 일하러 들어온 신하가
나보다 화려한 옷을 입고 거들먹거리네.

나랏일에 신경은 안 쓰고 옷차림에만 신경을 쓰다니!
정신이 바짝 들게 해 줘야지.
"앞으로 신하들은 직급에 따라 옷 색깔을 맞춰 입도록 하라!"
관복을 제대로 갖춰 입어야 제도가 바로 서고 질서가 잡히지.
"자, 이제부터 나는 황제이고,
우리 고려는 황제의 나라이니라!"
내가 황제라는 건
우리 고려가 그만큼 힘이 있는 나라라는 거야.
그리고 왕도 그만큼 힘이 있다는 것.
놀랍지?

내가 이렇게 길을 잘 닦아 놓은 덕에
고려의 여섯 번째 왕인 성종은 호족을 적당히 이용할 수 있었대.
게다가 성종은 유교 이념에 따라 나라를 다스렸다는군.
성종에게 많은 영향을 끼친 것은
최승로라는 신하가 올린 「시무 28조」!
「시무 28조」란 나라에서
지금 힘써야 할 28가지 일이라는 뜻이야.

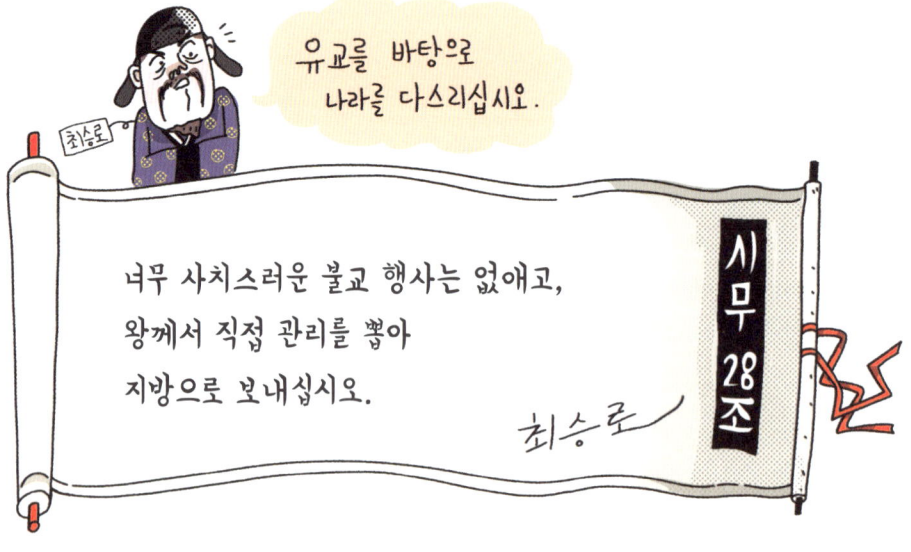

옳거니, 사치스러운 불교 행사를 없애면
백성들이 덜 힘들겠군.
또 왕이 직접 관리를 뽑아 지방으로 보내면
호족은 힘이 빠지고 왕에게 충성하는 자는 늘어나겠고.

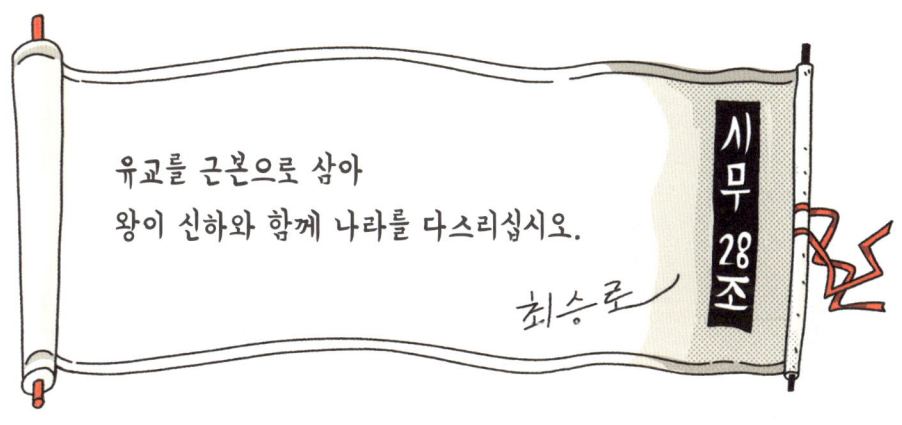

아하, 유학을 중심으로 한다면
나라에 충성하는 신하들이 많이 생기겠어.

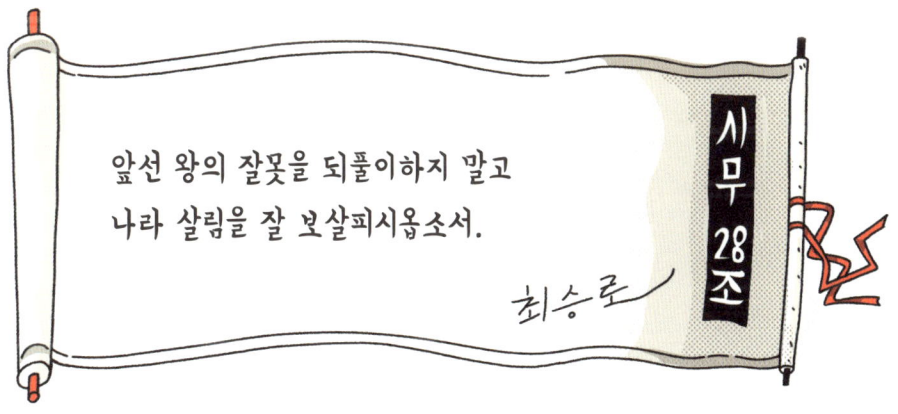

그래그래, 최승로의 말이 옳구나.
엉? 앞선 왕의 잘못이라니?
설마 나를 두고 하는 말인가? 설마.

어쨌든 내 진심은 알아줘.
우리 아버지 태조 왕건이 고려를 세워
후삼국을 다시 하나가 되게 했으니
아들인 나는 다시 흩어지지 않게 한 거야.
호족을 무섭게 다스린 건 모두 다 나라를 굳건히 하여
백성이 편히 살게 하려던 거니까 말이야.
앞으로 고려에 어떤 날들이 펼쳐질지
무척 기대되는구나.

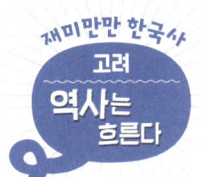

재미만만 한국사
고려
역사는 흐른다

대조영,
발해 건국.

698년

견훤,
후백제 건국.

900년

고려,
후삼국 통일.

936년

억울하게 노비가 된
사람을 풀어 주어라!

광종,
노비안검법 실시.

956년

글 안미란

대학교에서 철학을 공부한 뒤, 어린이를 위한 좋은 책을 쓰고 있습니다.
눈높이 아동문학상을 받았고, 『씨앗을 지키는 사람들』로 창비 '좋은어린이책' 창작 부문 대상을 받았습니다. 쓴 책으로는 『나 안 할래』, 『너만의 냄새』, 『투명한 아이』, 『나는 수요일의 소녀입니다』, 『동동이 실종 사건』 등이 있습니다.

그림 김윤정

만화예술학을 전공하고, 영국에서 어린이 문학과 일러스트레이션, 디자인을 공부했습니다. 어려운 이야기를 재밌고 귀여운 그림으로 그리는 걸 좋아하고, 재미난 상상을 하며 동네 산책을 하다가 짧은 생활 시조로 이야기를 기록하기도 합니다. 그린 책으로는 『오찍이』, 『열하일기로 떠나는 세상 구경』, 『내가 사는 집』, 『북한 떡볶이는 빨간 맛? 파란 맛?』, 『논어, 공자와 제자들의 인생 수다』, 『나만 알고 싶은 미래 직업』, 『누군가 나를 지켜보고 있어』, '뽕야와 친구들' 시리즈 등이 있습니다.

감수 하일식

연세대학교 사학과를 졸업하고, 같은 학교 대학원에서 고대사를 연구하여 박사 학위를 받았습니다. 현재 연세대학교 사학과 교수로 학생들을 가르치고 있습니다. 쓴 책으로는 『신라 집권 관료제 연구』, 『경주 역사 기행』, 『한국 고대사 산책』(공저), 『고려시대 사람들의 삶과 생각』(공저) 등이 있습니다.